Stanisław Krzysztof Mokwa

Supermarine
Spitfire
Mk. IX/XVI and other

The Supermarine Spitfire was indeed a remarkable aircraft. It was already a legend in the making when the first Mk. I machines began to roll off the assembly lines. The Spitfire was one of the classic British fighters in which the famous few bravely faced the mighty Luftwaffe. In the skies over England and Scotland many Polish airmen joined their ranks to fight the German onslaught with passion and determination, flying, among other marks, the Spitfire Mk. IX and Mk. XVI. Although the Messerschmitt Bf 109 was considered superior in certain areas of the flight performance envelope, it was the Spifire that eventually prevailed and helped crush the numerically superior enemy. Not without significance for the final victory of the RAF was the use of a more flexible approach to air war against the rigid "protect the leader" tactics used by the Luftwaffe aircrews.

The total production run of late model Spitfires was as follows: Mk. IX – 5 656 examples, Mk. XVI – 1 054 machines and 471 PR. XI models. The Spitfire's forte was its excellent wing, which coupled with the legendary Rolls-Royce Merlin engine made it a superb fighting machine. The Spitfire's elegant, elliptical wing was years ahead of its time when it was first introduced in the late 1930s. The wing not only gave the fighter remarkable aerodynamic qualities, but was also easily adaptable to a wide range of different armament fits – a significant advantage in wartime manufacturing conditions. The Spit's great performance was also a result of extremely well designed skin panels. It is interesting that many Spitfire models feature prominently displayed rivets and nuts, while in reality the aircraft was manufactured using a large number of small diameter flush rivets. To maximize the fighter's speed the airframes were carefully sanded and highly polished. In this book the reader will find clearly marked areas of skin sections were flush riveting was used. Some airframe measurements were done using laser technology. The book provides a detailed look at main characteristics of different Spitfire marks. The Spitfire Mk. IXs, as well as other models of the fighter, were often assembled using a variety of parts,including those originally designed for earlier versions of the fighter. Moreover, the examples of the same mark were frequently subject to modifications, sometimes applied to just a single aircraft.

I would like to thank Mr. Jan Hoffmann from Polish Aviation Museum in Kraków for his invaluable help in preparing this book.

Supermarine Spitfire był niezwykłym samolotem. Sława jaką zyskał sprawiła, że już pierwsze Mk. I stały się legendą. Klasyczne myśliwce były jednymi z maszyn, na których garstka pilotów odparła atak armady Luftwaffe. Nad Anglią i Szkocją nie zabrakło bohatersko i z pasją walczących Polaków. Polscy piloci z dumą zasiedli także za sterami wersji Mk. IX/Mk. XVI. Niemiecki Bf 109 bywa uznawany za zwrotniejszy w pewnych zakresach lotu, jednak ostatecznie to Spitfire był maszyną, z której pomocą dokonano pogromu przeważających sił wroga. W odróżnieniu od Luftwaffe gdzie priorytetem była osłona lidera, piloci Spitfire'ów osiągali zwycięstwa powietrzne stosując taktykę „wolnego stylu". Ogółem wyprodukowano: Mk. IX – 5656, Mk. XVI – 1054, PR. XI – 471 egz. Pomimo świetnego silnika Rolls-Royce Merlin, Spitfire bez dopracowanego elementu nośnego nie byłby nadzwyczajny. Pod koniec lat 30., jego skrzydło było awangardowe. Dzięki niemu uzyskano doskonałe własności lotne. Zapotrzebowanie wojenne umożliwiło niemal taśmową produkcję typu uniwersalnego, w którym dowolnie instalowano jeden z wybranych wariantów uzbrojenia. Rewelacyjne osiągi wynikały także z pracy nad elementami poszycia. Wiele pieczołowicie wykonanych modeli posiada mocno zaznaczone nity i śruby. Natomiast w konstrukcji wykorzystano dużą liczbę niewielkiej średnicy nitów o łbach płaskich. Celem uzyskania wysokiej prędkości maszyn, zakres prac malarsko-lakierniczych obejmował szpachlowanie i polerowanie poszycia. W opracowaniu zaznaczam powierzchnie o praktycznie znikomej wyrazistości nitowania. Pomiary wykonałem także techniką laserową. Książka przybliża główne cechy typów, ogólny wygląd samolotów i detali. Spitfire Mk. IX i inne, montowano z różnych części, w tym także przygotowanych dla starszych wersji. Maszyny z tej samej serii ulegały istotnym modyfikacjom nawet co jeden egzemplarz. Specjalne podziękowania za okazaną pomoc otrzymują pan Jan Hoffmann i Muzeum Lotnictwa Polskiego w Krakowie.

TECHNICAL AND PERFORMANCE DATA / DANE TECHNICZNE

Lenght/Długość – 9,56 / 9,62 [m] • **Wingspan/Rozpiętość** – 9,90 / 12,23 [m] • **Height/Wysokość** – 3,6 [m] • **Empty weight/Masa własna** – 2170 [kg] • **Combat weight/Masa bojowa** – 3400 [kg] • **Ceiling/pułap** – 12900 / 13410 [m] • **Range/zasięg** – 690 – 1990 / (1770) / 3200 [km] • **Engine/silnik** Rolls-Royce Merlin 66 / (Packard Merlin 266) / Rolls-Royce Merlin 70 • **Power output/moc silnika** 1580 [KM] · 1162 [kW] / (1390 [KM] • 1015 [kW]) / 1740 [KM] · 1280 [kW] • **Max. speed/V max** 652 [km/h] / (404 mph) / 664 [km/h] lub-or 975 [km/h] Record speed • **Offensive armament/Uzbrojenie ofensywne** – 2 x HS.404 Mk. II and 2 x M2 Browning / unarmed • **Bomb armament/Uzbrojenie bombowe** – 3 x 113 [kg] or/lub 1 x 227 [kg] /unarmed – nieuzbrojony

Supermarine Spitfire Mk. IX/XVI and other • Stanisław Krzysztof Mokwa
Wydanie pierwsze / First edition • LUBLIN 2015 • ISBN 978-83-64596-87-2

Translation / Tłumaczenie: **Piotr Kolasa** • Editor / Redakcja: **Maciej Góralczyk**
• Color profiles / Plansze barwne: **Janusz Światłoń** • Scale drawings / Rysunki techniczne: **Stanisław Krzysztof Mokwa** • Design: **KAGERO STUDIO**

Distribution / Dystrybucja: Oficyna Wydawnicza KAGERO • www.kagero.pl • e-mail: kagero@kagero.pl, marketing@kagero.pl

**Editorial Office, Marketing / Redakcja, Marketing: Oficyna Wydawnicza KAGERO, ul. Akacjowa 100, os. Borek, Turka, 20-258 Lublin 62, Poland
phone/fax +48 (81) 501 21 05**

www.kagero.eu • www.shop.kagero.pl

Supermarine Spitfire Mk. IXc, wykaz zmian zewnętrznych
Supermarine Spitfire Mk. IXc, specification of external change

Drawings/rysował: © Stanisław Krzysztof Mokwa

Pierwsze Mk. IX, bazowały na płatowcu Mk. Vc i silniku Rolls-Royce Merlin 61
Early Mk. IX, based on a Mk. Vc airframe and Rolls-Royce Merlin 61 engine

Mk. IXc, widok z prawej
Mk. IXc, right side view

Myśliwce uzbrojono w dwa 20-mm automatyczne działka Hispano-Suiza HS.404 Mk. I i cztery km Browning, kalibru 7,69 mm
The fighter was armed with two Mk. I Hispano-Suiza HS.404 20 mm-calibre automatic cannon and four 7.69 mm-calibre Browning machine guns

Krótki wlot produkowano w: serii BS, wielu konwersjach czasowych, późnych konwersjach z Mk. V na IX, Mk. IXT, które sprzedano do Holandii
The short intake was installed in the following versions: BS series, many test versions, after conversion from Mk. V to Mk. IX, and Mk. TIX that were procured by Holland

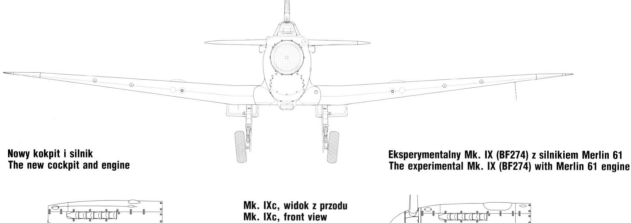

Nowy kokpit i silnik
The new cockpit and engine

Eksperymentalny Mk. IX (BF274) z silnikiem Merlin 61
The experimental Mk. IX (BF274) with Merlin 61 engine

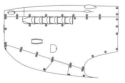

Mk. IXc, widok z przodu
Mk. IXc, front view

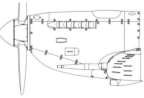

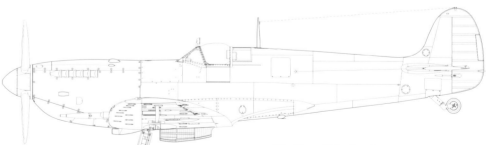

Mk. IXc, widok z lewej
Mk. IXc, left side view

Uwagi/Attention!
Podwozie pod obciążeniem
The drawing shows compressed landing gear oleos

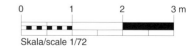

Skala/scale 1/72

Supermarine Spitfire Mk. IXc wczesny, wykaz zmian zewnętrznych
Early Supermarine Spitfire Mk. IXc, specification of external change

Arkusz/Sheet 2

KAGERO
TOPDR/WINGS
Drawings/rysował: © Stanisław Krzysztof Mokwa

Myśliwiec, Typ 361
The fighter, Type 361

W wariancie Mk IX, dodano dużą podskrzydłową chłodnicę paliwa i oleju
In the Mk. IX aircrfat large underwing engine coolant and oil radiators were added

Krawędź natarcia skrzydła – b
Leading edge – b wing

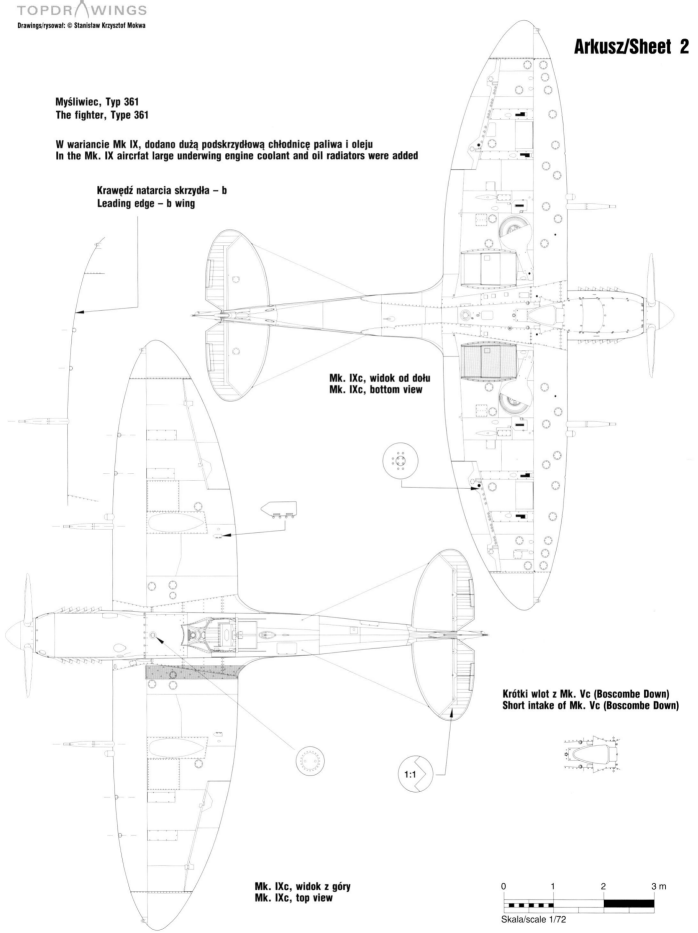

Mk. IXc, widok od dołu
Mk. IXc, bottom view

Mk. IXc, widok z góry
Mk. IXc, top view

Krótki wlot z Mk. Vc (Boscombe Down)
Short intake of Mk. Vc (Boscombe Down)

1:1

0   1   2   3 m

Skala/scale 1/72

Supermarine Spitfire (F) Mk. IX, wykaz zmian zewnętrznych
Supermarine Spitfire (F) Mk. IX, specification of external change

Drawings/rysował: © Stanisław Krzysztof Mokwa

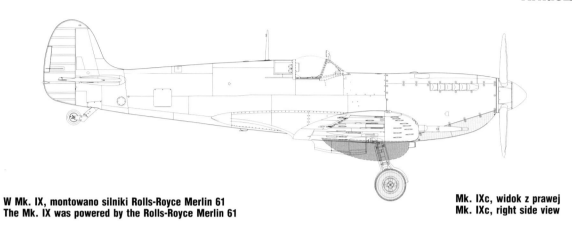

W Mk. IX, montowano silniki Rolls-Royce Merlin 61
The Mk. IX was powered by the Rolls-Royce Merlin 61

Mk. IXc, widok z prawej
Mk. IXc, right side view

Widok dodatkowych zbiorników paliwa (170 i 90 Gal)
View of the external fuel tank (170 and 90 Gal)

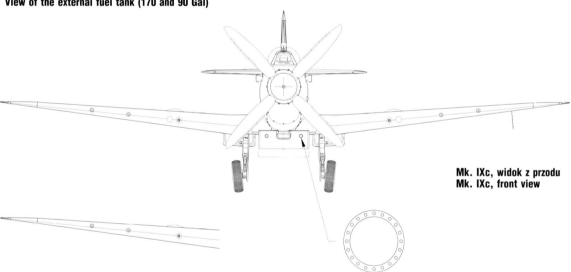

Mk. IXc, widok z przodu
Mk. IXc, front view

Niektóre samoloty serii BR i BS zostały wyposażone w skrzydła "b" (E. B. Morgan i E. Shaclady)
Some of the BR and BS series aircraft were fitted with b-wings (E. B. Morgan i E. Shacklady)

Nowej konstrukcji śmigło Rotol było cechą wariantu
One of the characteristic features of the variant was the new Rotol propeller

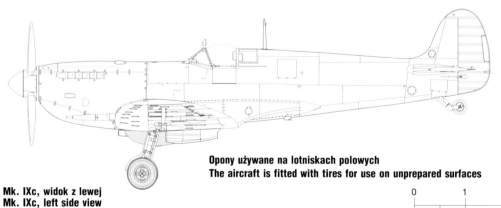

Opony używane na lotniskach polowych
The aircraft is fitted with tires for use on unprepared surfaces

Mk. IXc, widok z lewej
Mk. IXc, left side view

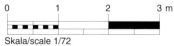

0   1   2   3 m

Skala/scale 1/72

Supermarine Spitfire (F) Mk. IX skrzydło "c", wykaz zmian zewnętrznych
Supermarine Spitfire (F) Mk. IX c-wing, specification of external change

Arkusz/Sheet 4

KAGERO
TOPDRAWINGS
Drawings/rysował: © Stanisław Krzysztof Mokwa

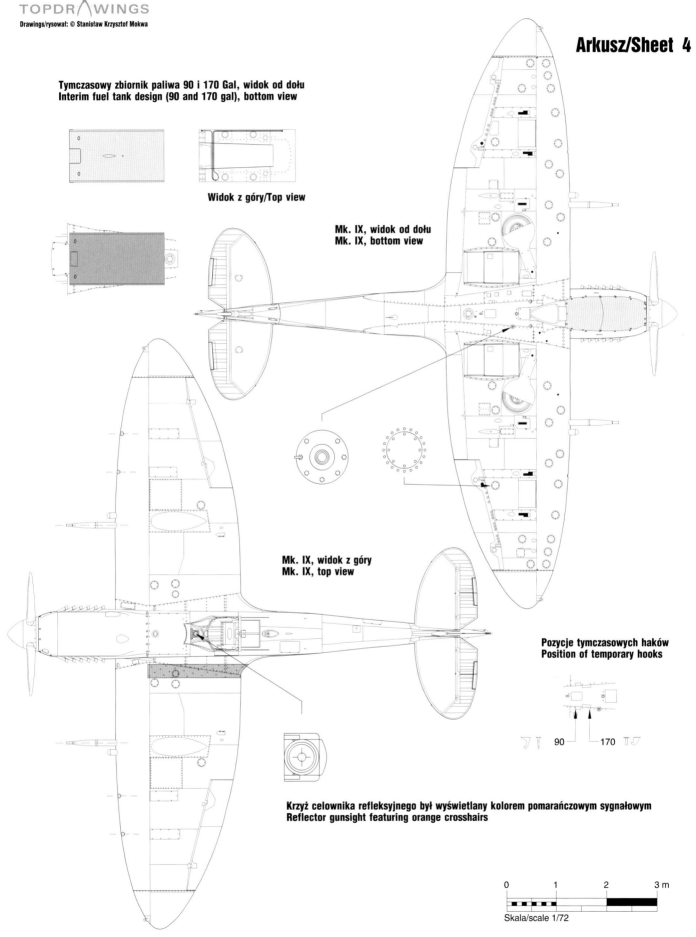

Tymczasowy zbiornik paliwa 90 i 170 Gal, widok od dołu
Interim fuel tank design (90 and 170 gal), bottom view

Widok z góry/Top view

Mk. IX, widok od dołu
Mk. IX, bottom view

Mk. IX, widok z góry
Mk. IX, top view

Pozycje tymczasowych haków
Position of temporary hooks

90   170

Krzyż celownika refleksyjnego był wyświetlany kolorem pomarańczowym sygnałowym
Reflector gunsight featuring orange crosshairs

0   1   2   3 m
Skala/scale 1/72

Supermarine Spitfire Mk. IXc (LF), wykaz zmian zewnętrznych
Supermarine Spitfire Mk. IXc (LF), specificationof external change

Drawings/rysował: © Stanisław Krzysztof Mokwa

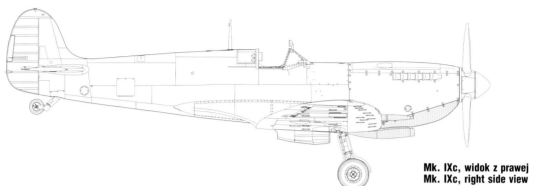

Mk. IXc, widok z prawej
Mk. IXc, right side view

Myśliwce LF Mk. IXc, budowano z silnikami Merlin 66 i także bez anteny Rebecca
The LF Mk. IXc models were powered by the Merlin 66 engines and had no Rebecca antenna installation

Wariant uzbrojono w 20-mm automatyczne działka Hispano-Suiza Hs.404 Mk. II i dwa amerykańskie km M2 Browning
The variant carried 20 mm Hispano Suiza Hs.404 MK II cannon and two U.S.-made M2 Browning machine guns

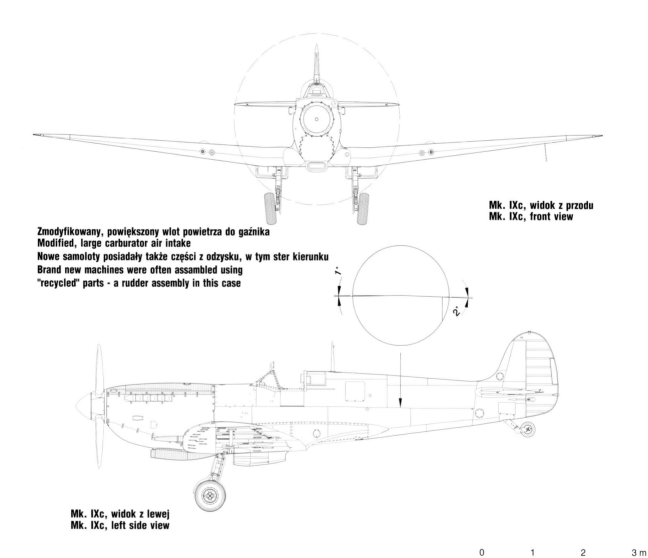

Mk. IXc, widok z przodu
Mk. IXc, front view

Zmodyfikowany, powiększony wlot powietrza do gaźnika
Modified, large carburator air intake
Nowe samoloty posiadały także części z odzysku, w tym ster kierunku
Brand new machines were often assambled using
"recycled" parts - a rudder assembly in this case

Mk. IXc, widok z lewej
Mk. IXc, left side view

| 0 | 1 | 2 | 3 m |

Skala/scale 1/72

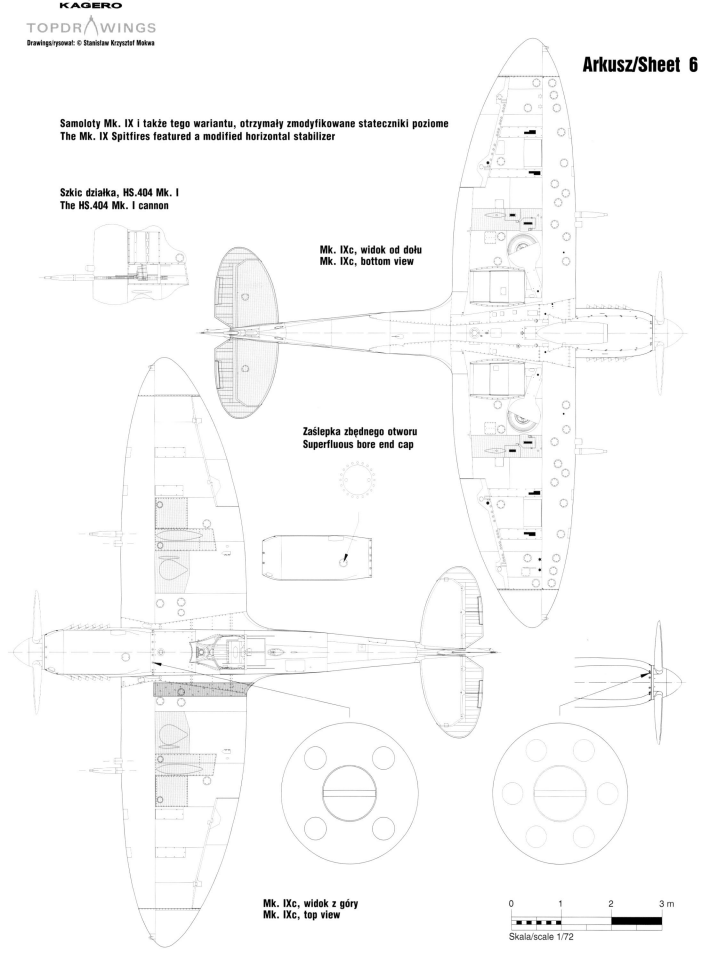

Supermarine Spitfire Mk. IXc (LF), wykaz zmian zewnętrznych
Supermarine Spitfire Mk. IXc (LF), specification of external changes

Arkusz/Sheet 6

Samoloty Mk. IX i także tego wariantu, otrzymały zmodyfikowane stateczniki poziome
The Mk. IX Spitfires featured a modified horizontal stabilizer

Szkic działka, HS.404 Mk. I
The HS.404 Mk. I cannon

Mk. IXc, widok od dołu
Mk. IXc, bottom view

Zaślepka zbędnego otworu
Superfluous bore end cap

Mk. IXc, widok z góry
Mk. IXc, top view

0   1   2   3 m

Skala/scale 1/72

Supermarine Spitfire Mk. IXc (LF), wykaz zmian zewnętrznych
Supermarine Spitfire Mk. IXc (LF), specification of external change

Drawings/rysował: © Stanisław Krzysztof Mokwa

Arkusz/Sheet 7

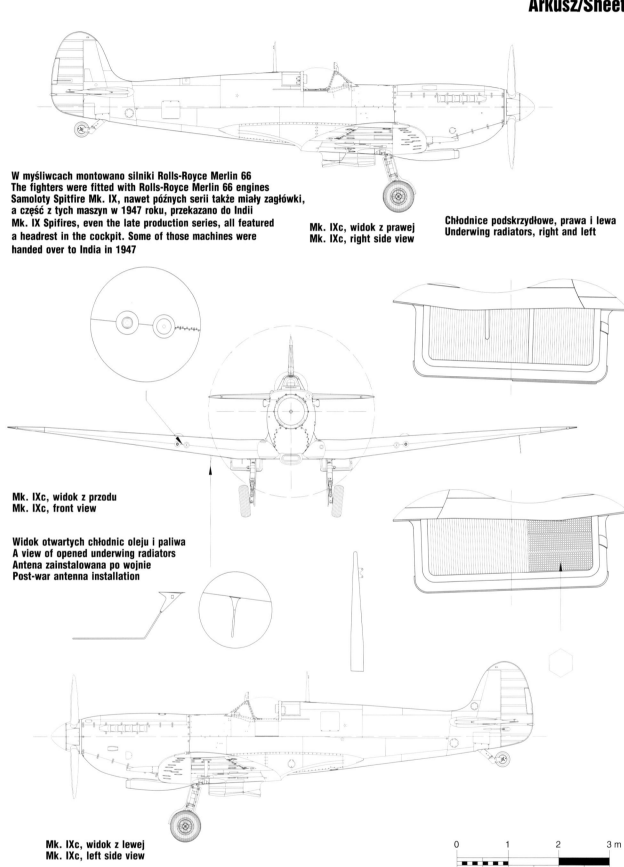

W myśliwcach montowano silniki Rolls-Royce Merlin 66
The fighters were fitted with Rolls-Royce Merlin 66 engines
Samoloty Spitfire Mk. IX, nawet późnych serii także miały zagłówki,
a część z tych maszyn w 1947 roku, przekazano do Indii
Mk. IX Spitfires, even the late production series, all featured
a headrest in the cockpit. Some of those machines were
handed over to India in 1947

Mk. IXc, widok z prawej
Mk. IXc, right side view

Chłodnice podskrzydłowe, prawa i lewa
Underwing radiators, right and left

Mk. IXc, widok z przodu
Mk. IXc, front view

Widok otwartych chłodnic oleju i paliwa
A view of opened underwing radiators
Antena zainstalowana po wojnie
Post-war antenna installation

Mk. IXc, widok z lewej
Mk. IXc, left side view

0   1   2   3 m

Skala/scale 1/72

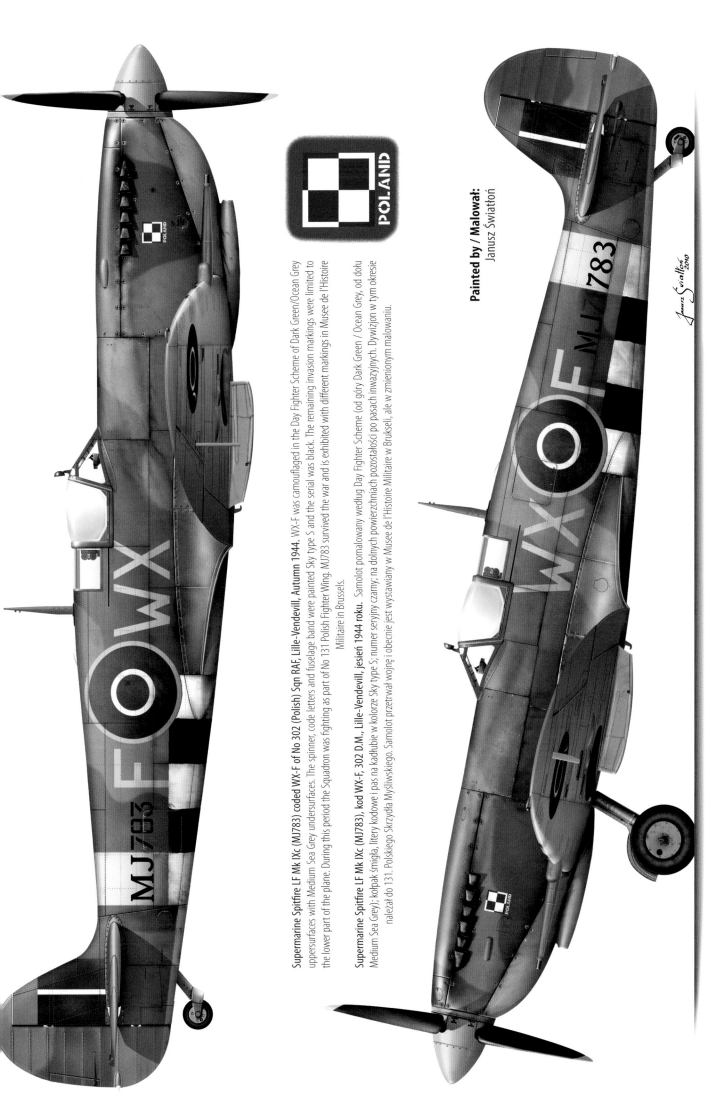

Supermarine Spitfire LF Mk IXc (MJ783) coded WX-F of No 302 (Polish) Sqn RAF, Lille-Vendevill, Autumn 1944. WX-F was camouflaged in the Day Fighter Scheme of Dark Green/Ocean Grey uppersurfaces with Medium Sea Grey undersurfaces. The spinner, code letters and fuselage band were painted Sky type S and the serial was black. The remaining invasion markings were limited to the lower part of the plane. During this period the Squadron was fighting as part of No 131 Polish Fighter Wing. MJ783 survived the war and is exhibited with different markings in Musee de l'Histoire Militaire in Brussels.

Supermarine Spitfire LF Mk IXc (MJ783), kod WX-F, 302 D.M., Lille-Vendevill, jesień 1944 roku. Samolot pomalowany według Day Fighter Scheme (od góry Dark Green / Ocean Grey, od dołu Medium Sea Grey); kołpak śmigła, litery kodowe i pas na kadłubie w kolorze Sky type S; numer seryjny czarny; na dolnych powierzchniach pozostałości po pasach inwazyjnych. Dywizjon w tym okresie należał do 131. Polskiego Skrzydła Myśliwskiego. Samolot przetrwał wojnę i obecnie jest wystawiany w Musee de l'Histoire Militaire w Brukseli, ale w zmienionym malowaniu.

Painted by / Malował:
Janusz Światłoń

Janusz Światłoń
2010

Spitfire Mk IXc (MJ966) coded 'GW-B', flown by S/Chef Denys Boudard of No 340 Free French Sqn; Merston, June 1944. Note the cylindrical-shaped, 50-gallon drop tank under the belly and hastily applied 'invasion stripes'.

Spitfire Mk IXc (MJ966), o kodzie bocznym „GW-B", którym latał S/Chef Denys Boudard z 340. Sqn RAF; Merston, czerwiec 1944 roku. Pod kadłubem, na wyrzutniku bombowym, cylindryczny, odrzucany zbiornik na 50 galonów (227,3 litrów) paliwa. Zwracają uwagę odręcznie namalowane „pasy inwazyjne".

Painted by / Malował:
Janusz Światłoń

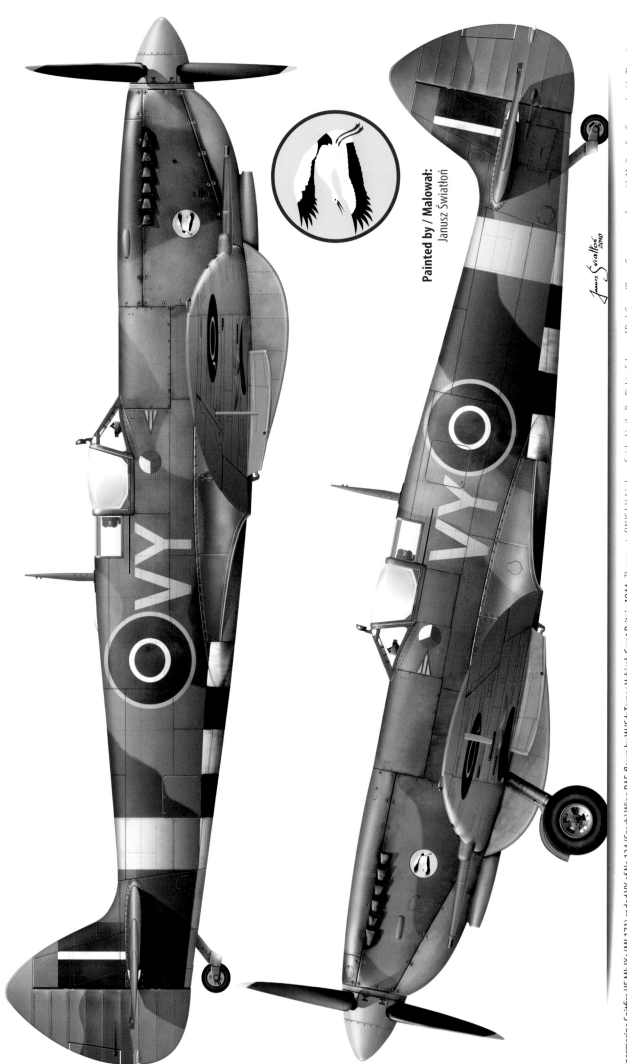

Painted by / Malował:
Janusz Świattoń

Supermarine Spitfire HF Mk IXc (ML171) coded VY of No 134 (Czech) Wing RAF, flown by W/Cdr Tomas Vybiral, Great Britain 1944. The mount of W/Cdr Vybiral was finished in the Day Fighter Scheme of Dark Green/Ocean Grey uppersurfaces with Medium Sea Grey underside. The spinner, code letters and fuselage band were painted Sky type S. The aircraft sported the Czechoslovak national badge and Wing Commander's pennant under the windscreen while the emblem of No 312 Sqn, a stork, was painted on the engine cowling. Please note that the serial was not applied again after the overpainting of invasion stripes and part of them remained on the lower part of the fuselage. Tomas Vybiral achieved 5 confirmed victories.

Supermarine Spitfire HF Mk IXc (ML171), kod VY, 134 (Czech) Wing RAF, pilot dowódca skrzydła W/Cdr Tomas Vybiral, Wielka Brytania 1944 rok. Samolot pomalowany według Day Fighter Scheme (od góry Dark Green / Ocean Grey, od dołu Medium Sea Grey): kołpak śmigła, litery kodowe i pas na kadłubie czechosłowackiego i proporczyk dowódcy skrzydła; na osłonie silnika godło 312. Squadronu (czeskiego) w postaci bociana; widoczne pozostałości biało-czarnych pasów inwazyjnych; brak odnowionego numeru seryjnego w kolorze Sky type S; pod wiatrochronem znak lotnictwa czechosłowackiego i proporczyk dowódcy skrzydła; na osłonie silnika godło 312. Squadronu (czeskiego) w postaci bociana; widoczne pozostałości biało-czarnych pasów inwazyjnych; brak odnowionego numeru seryjnego

Supermarine Spitfire Mk. IXc (LF), wykaz zmian zewnętrznych
Supermarine Spitfire Mk. IXc (LF), specification of external changes

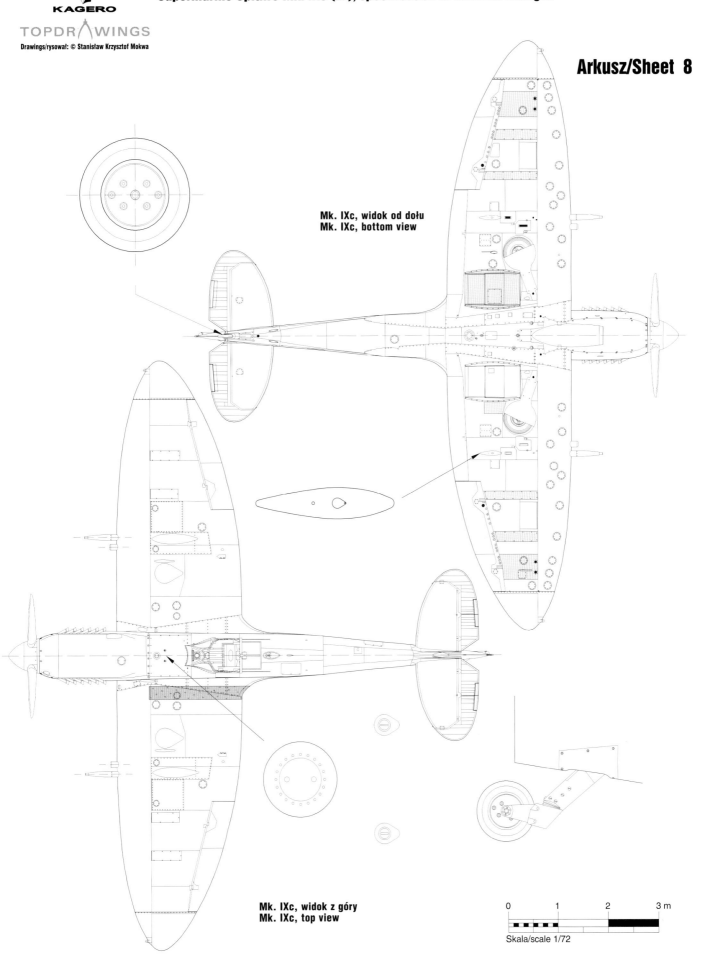

Mk. IXc, widok od dołu
Mk. IXc, bottom view

Mk. IXc, widok z góry
Mk. IXc, top view

0   1   2   3 m

Skala/scale 1/72

Supermarine Spitfire HF Mk. IXc późny, wykaz zmian zewnętrznych
A late production example of the Spitfire HF Mk. IXc

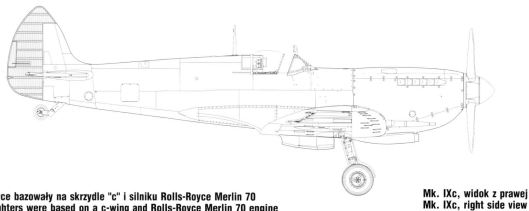

Myśliwce bazowały na skrzydle "c" i silniku Rolls-Royce Merlin 70
The fighters were based on a c-wing and Rolls-Royce Merlin 70 engine
Od lata 1944, wszystkie Spitfire Mk. IX, produkowano z wysokim sterem
From summer 1944 all Spitfire Mk. IX, produced with high rudder
Myśliwce uzbrojono w dwa 20-mm automatyczne działka Hispano-Suiza HS.404 Mk. I i cztery km 7,69 mm
All Mk IX aircraft built after the summer of 1944 featured a tall rudder design

Mk. IXc, widok z prawej
Mk. IXc, right side view

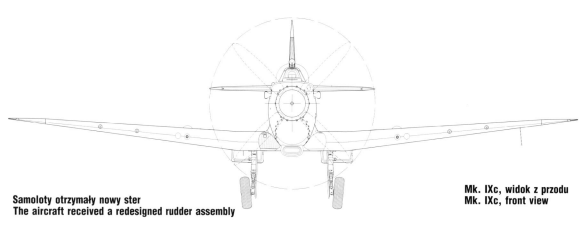

Samoloty otrzymały nowy ster
The aircraft received a redesigned rudder assembly

Instalowano jeden skrzydłowy fotokarabin
Typically a single gun camera
was installed in the wing

Mk. IXc, widok z przodu
Mk. IXc, front view

Scala/scale 1:48

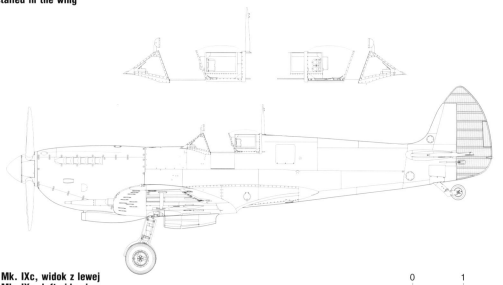

Mk. IXc, widok z lewej
Mk. IXc, left side view

0   1   2   3 m

Skala/scale 1/72

Supermarine Spitfire Mk. IXe (LF), wykaz zmian zewnętrznych
Supermarine Spitfire Mk. IXe (LF), specification of external change

Drawings/rysował: © Stanisław Krzysztof Mokwa

Mk. IXe, budowano z silnikiem Rolls-Royce Merlin 66 i skrzydłemi "e"
The Mk. IXe featured the e-wing and was powered by the Merlin 66 powerplant

Mk. IXe, widok z prawej
Mk. IXe, right side view

Myśliwce uzbrojono w dwa 20-mm automatyczne działka Hispano-Suiza HS.404 Mk. II i dwa km M2 Browning
The fighter carried two 20 mm Hispano Suiza Hs.404 MK II cannon and two Browning M2 machine guns

1470±10

Mk. IXe, widok z przodu
Mk. IXe, front view

Zamiennie lusterko prostokątne
Detail of the rectangular rearview mirror

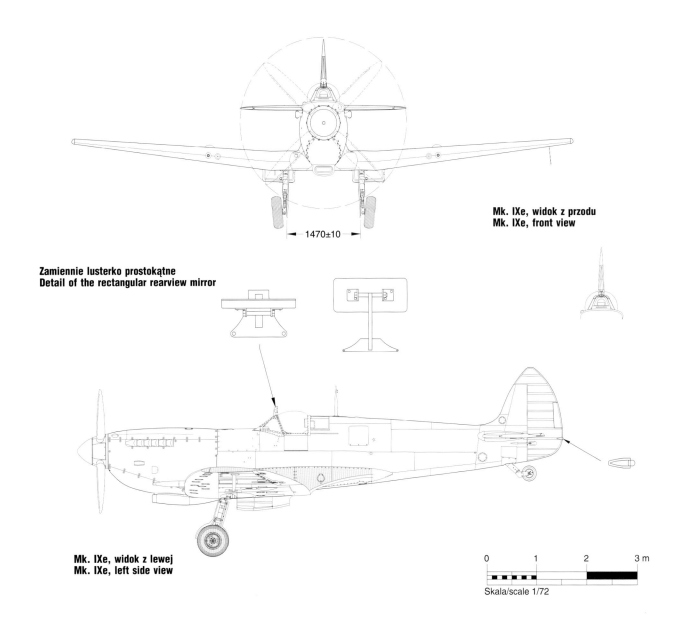

Mk. IXe, widok z lewej
Mk. IXe, left side view

0   1   2   3 m

Skala/scale 1/72

Supermarine Spitfire Mk. IXe, wykaz zmian zewnętrznych
Supermarine Spitfire Mk. IXe, specification of external change

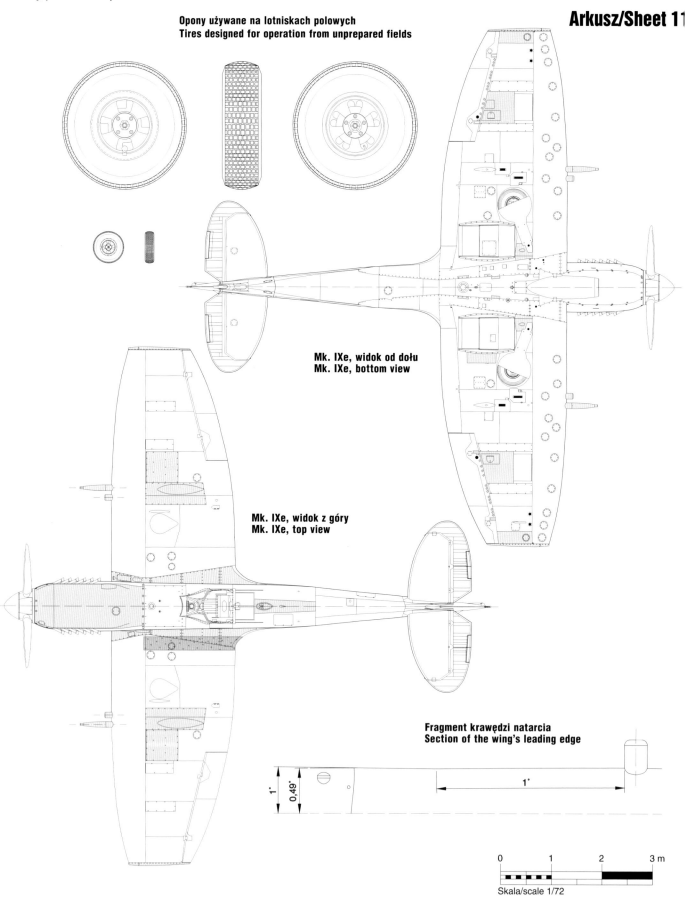

Opony używane na lotniskach polowych
Tires designed for operation from unprepared fields

Mk. IXe, widok od dołu
Mk. IXe, bottom view

Mk. IXe, widok z góry
Mk. IXe, top view

Fragment krawędzi natarcia
Section of the wing's leading edge

1°
0,49°
1°

0   1   2   3 m
Skala/scale 1/72

KAGERO
TOPDRAWINGS
Drawings/rysował: © Stanisław Krzysztof Mokwa

KAGERO
TOPDRAWINGS

Drawings/rysował: © Stanisław Krzysztof Mokwa

Supermarine Spitfire LF Mk. XVI (płatowiec Mk.IXe), wykaz zmian zewnętrznych
Supermarine Spitfire LF Mk. XVI (airframe Mk.IXe), specification of external change

Arkusz/Sheet 12

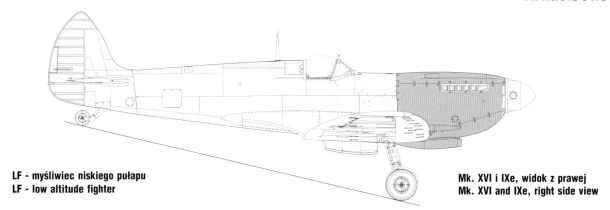

LF - myśliwiec niskiego pułapu
LF - low altitude fighter

Mk. XVI i IXe, widok z prawej
Mk. XVI and IXe, right side view

W myśliwcach montowano 12-cylindrowy licencyjny amerykański silnik Packard Merlin 266 mocy 1390 KM (1015 kW)
The type was powered by the licence-built 12-cylinder Packarad Merlin 266 developing 1,371 Hp
Ten wariant samolotu jest w ekspozycji Muzeum Lotnictwa Polskiego w Krakowie
This Spitfire mark is on display at Polish Aviation Museum in Kraków

Opisane obszary gładkie w Mk. IX-XVI / Smooth skin areas in Mk.IX-XVI
Mocno / Strong - Średnio / Mid

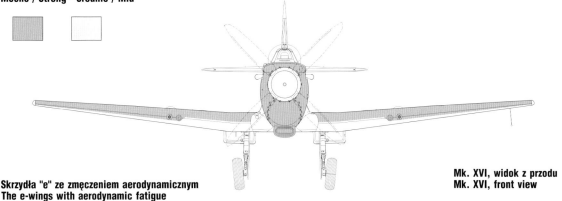

Skrzydła "e" ze zmęczeniem aerodynamicznym
The e-wings with aerodynamic fatigue

Mk. XVI, widok z przodu
Mk. XVI, front view

Rolka pasów, Mk. IX późny i XVI
The harness inertia reel used in late
Mk. IX models and in Mk. XVIs

1/32

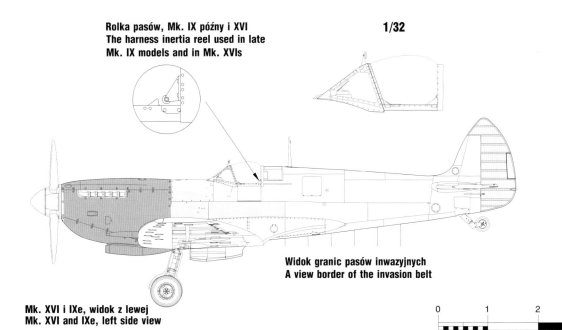

Widok granic pasów inwazyjnych
A view border of the invasion belt

Mk. XVI i IXe, widok z lewej
Mk. XVI and IXe, left side view

0   1   2   3 m

Skala/scale 1/72

Supermarine Spitfire Mk. XVI z silnikiem Packarda, wykaz zmian zewnętrznych
Supermarine Spitfire Mk. XVI with Packard engine, specification of external change

KAGERO
TOPDRAWINGS
Drawings/rysował: © Stanisław Krzysztof Mokwa

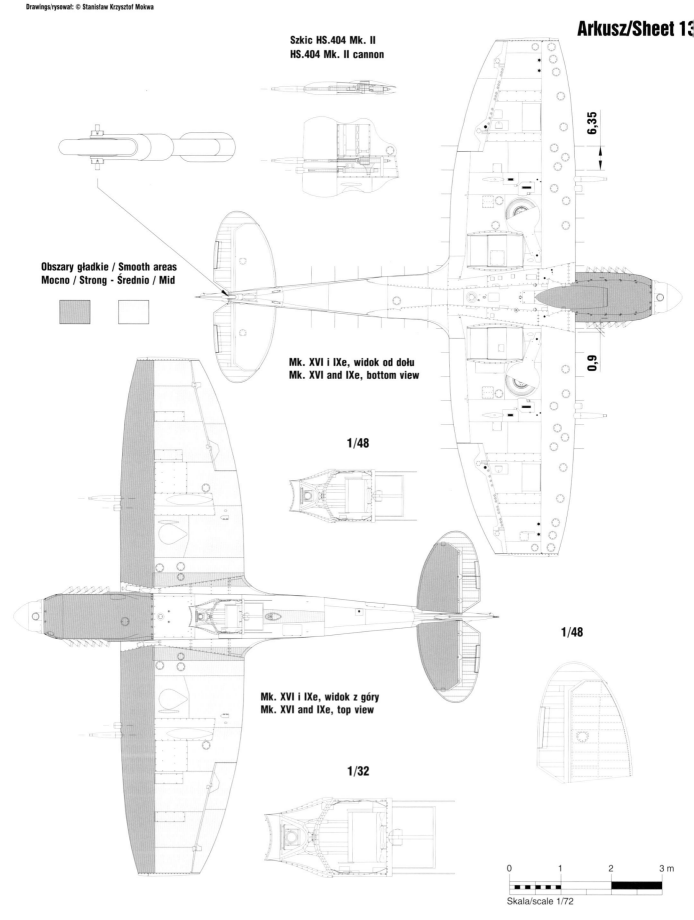

Szkic HS.404 Mk. II
HS.404 Mk. II cannon

Obszary gładkie / Smooth areas
Mocno / Strong - Średnio / Mid

Mk. XVI i IXe, widok od dołu
Mk. XVI and IXe, bottom view

6,35

0,9

1/48

Mk. XVI i IXe, widok z góry
Mk. XVI and IXe, top view

1/48

1/32

0   1   2   3 m

Skala/scale 1/72

KAGERO

TOPDRAWINGS

Drawings/rysował: © Stanisław Krzysztof Mokwa

Supermarine Spitfire PR. XI - PR. IX, wykaz zmian zewnętrznych
Supermarine Spitfire PR. XI - PR. IX, specification of external change

Arkusz/Sheet 14

PR XI z silnikiem Merlin 70, bazował na płatowcu Mk. IX
PR XI with Merlin 70 engine, based on Mk. IX airframe

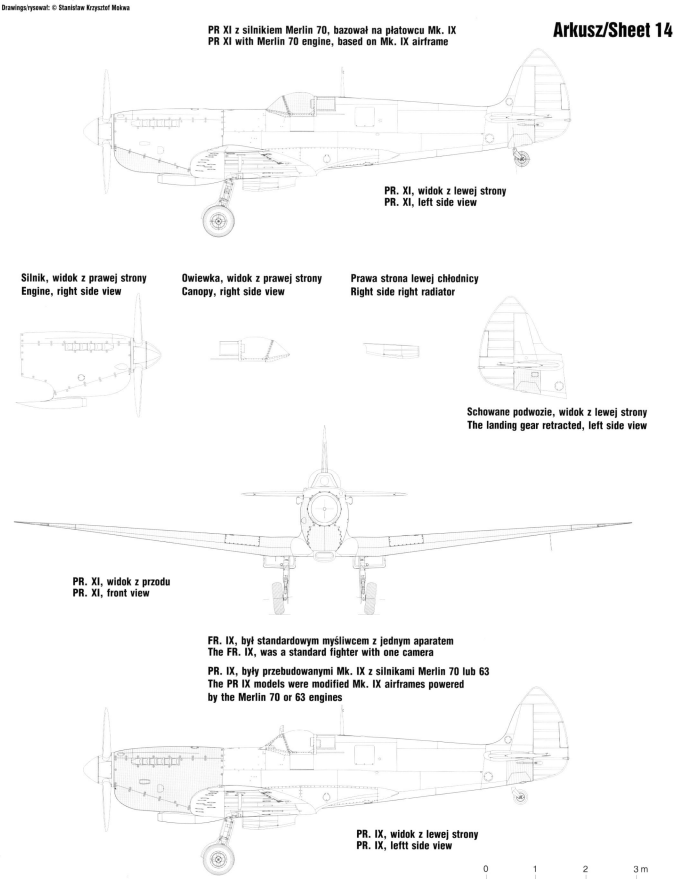

PR. XI, widok z lewej strony
PR. XI, left side view

Silnik, widok z prawej strony
Engine, right side view

Owiewka, widok z prawej strony
Canopy, right side view

Prawa strona lewej chłodnicy
Right side right radiator

Schowane podwozie, widok z lewej strony
The landing gear retracted, left side view

PR. XI, widok z przodu
PR. XI, front view

FR. IX, był standardowym myśliwcem z jednym aparatem
The FR. IX, was a standard fighter with one camera

PR. IX, były przebudowanymi Mk. IX z silnikami Merlin 70 lub 63
The PR IX models were modified Mk. IX airframes powered
by the Merlin 70 or 63 engines

PR. IX, widok z lewej strony
PR. IX, leftt side view

0   1   2   3 m

Skala/scale 1/72

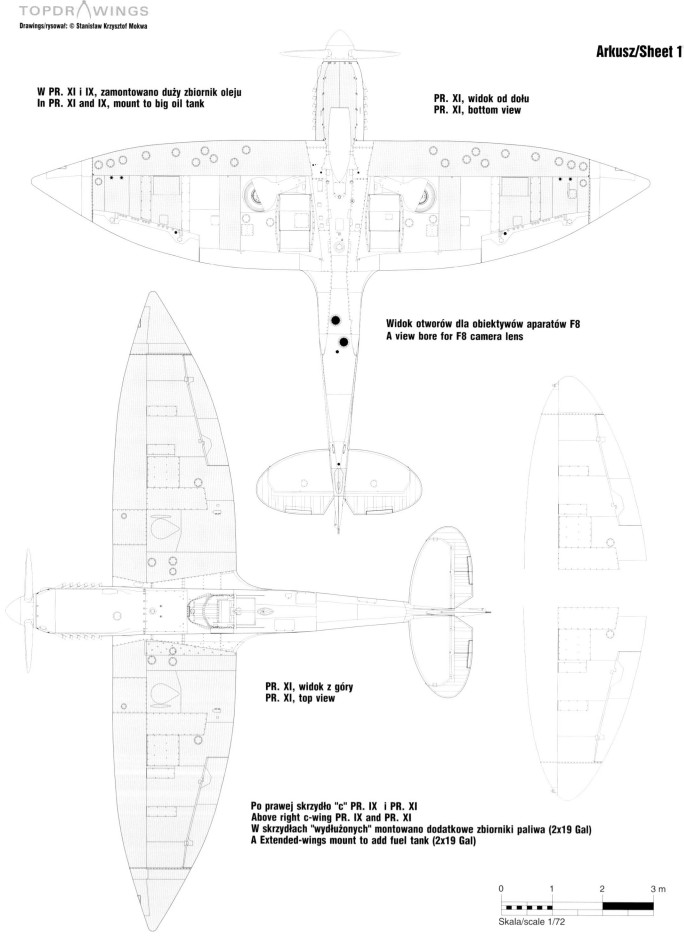

Supermarine Spitfire PR. XI - PR. IX, wykaz zmian zewnętrznych
Supermarine Spitfire PR. XI - PR. IX, specification of external change

TOPDRAWINGS

Drawings/rysował: © Stanisław Krzysztof Mokwa

W PR. XI i IX, zamontowano duży zbiornik oleju
In PR. XI and IX, mount to big oil tank

PR. XI, widok od dołu
PR. XI, bottom view

Widok otworów dla obiektywów aparatów F8
A view bore for F8 camera lens

PR. XI, widok z góry
PR. XI, top view

Po prawej skrzydło "c" PR. IX i PR. XI
Above right c-wing PR. IX and PR. XI
W skrzydłach "wydłużonych" montowano dodatkowe zbiorniki paliwa (2x19 Gal)
A Extended-wings mount to add fuel tank (2x19 Gal)

0   1   2   3 m

Skala/scale 1/72

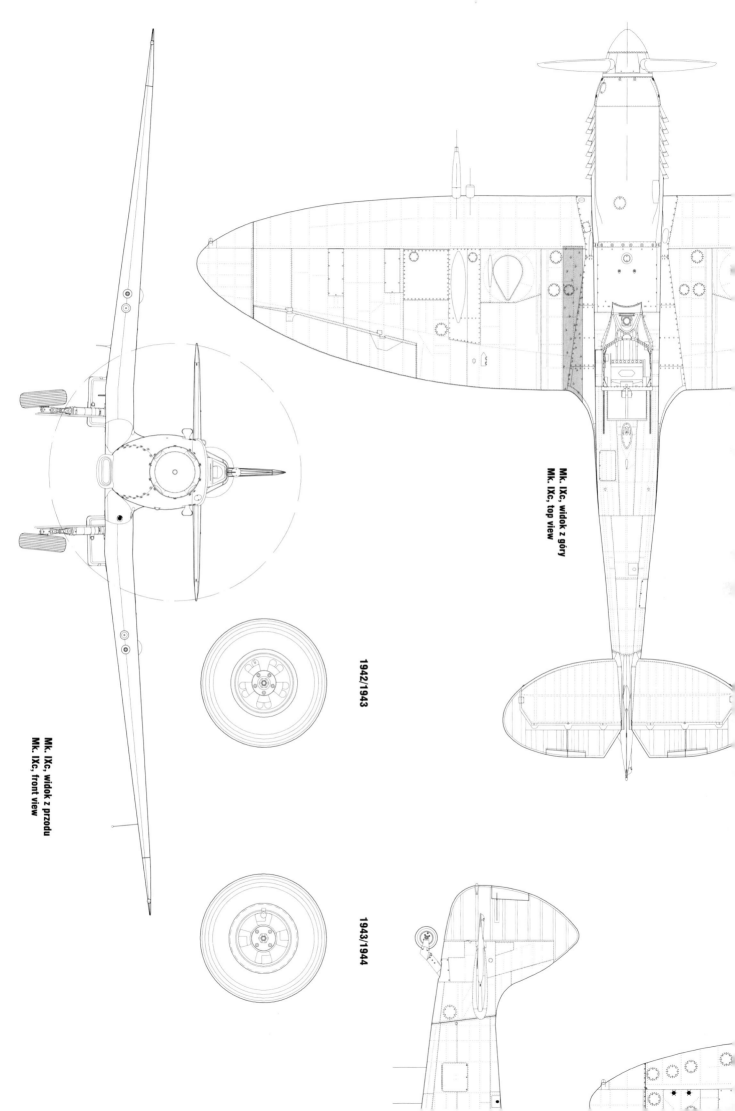

Mk. IXc, widok z góry
Mk. IXc, top view

1942/1943

1943/1944

Mk. IXc, widok z przodu
Mk. IXc, front view

Supermarine Spitfire Mk. IXc/Mk. IXe
Supermarine Spitfire Mk. IXc/Mk. IXe

Mk. IXc, widok z prawej
Mk. IXc, right side view

Szkic HS.404 Mk. II
HS.404 Mk. II cannon

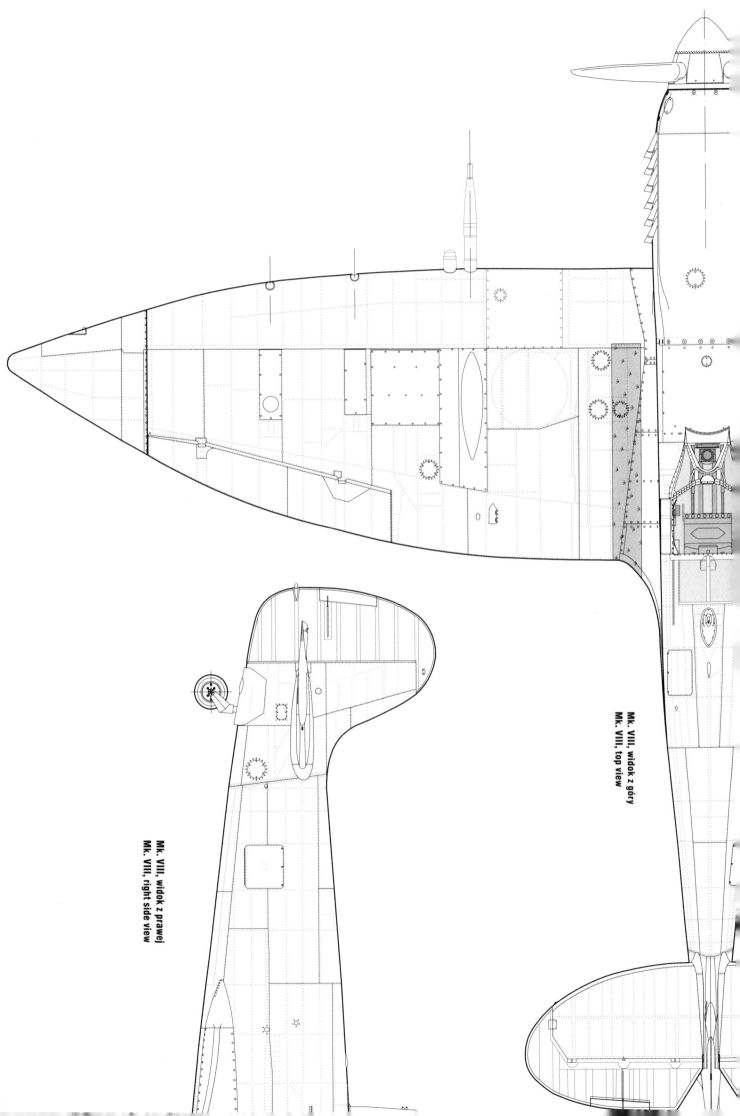

Mk. VIII, widok z góry
Mk. VIII, top view

Mk. VIII, widok z prawej
Mk. VIII, right side view

Supermarine Spitfire Mk. VIII
Supermarine Spitfire Mk. VIII

Krótka lotka
Short aileron

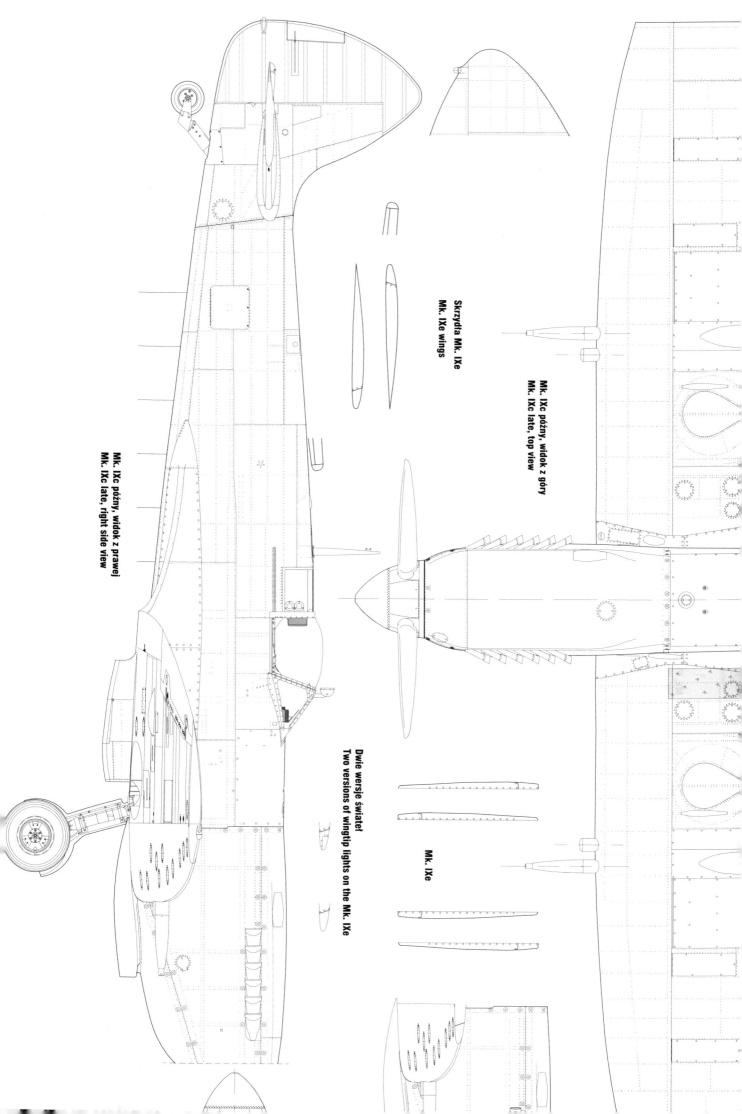

Skrzydła Mk. IXe
Mk. IXe wings

Mk. IXc późny, widok z góry
Mk. IXc late, top view

Mk. IXc późny, widok z prawej
Mk. IXc late, right side view

Dwie wersje świateł
Two versions of wingtip lights on the Mk. IXe

Mk. IXe

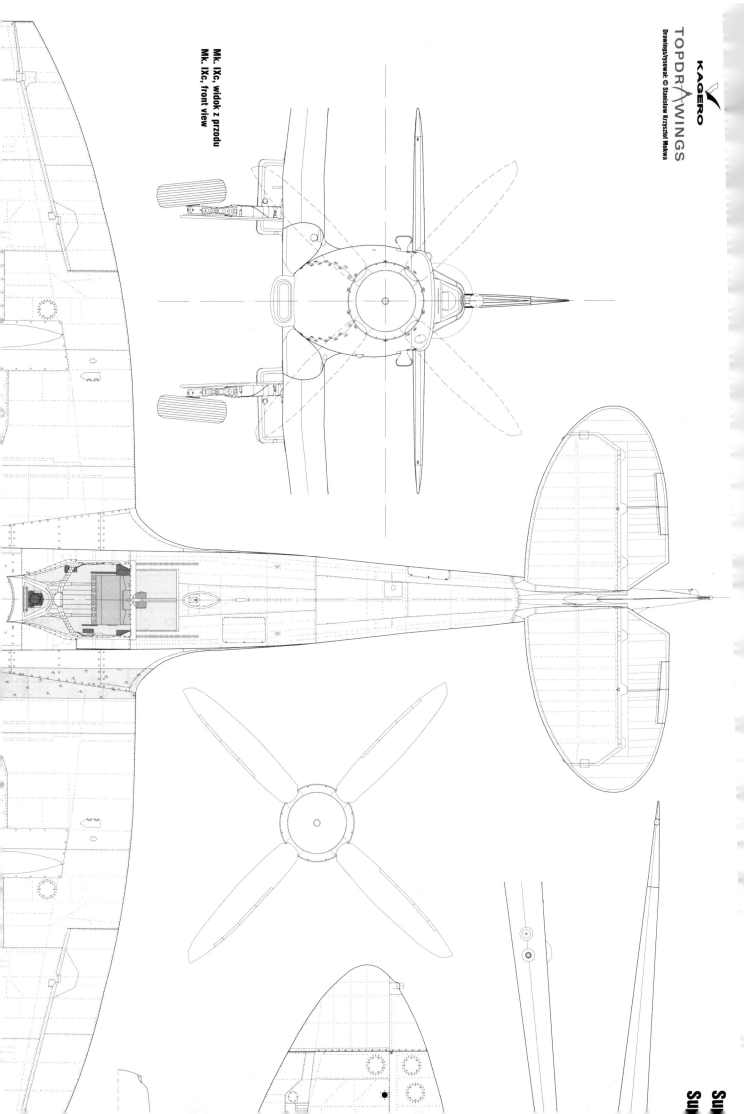

KAGERO

TOPDRAWINGS

Drawings/rysował: © Stanisław Krzysztof Makwa

Mk. IXc, widok z przodu
Mk. IXc, front view